DISCUSSION

SUR LES APANAGES,

POUR S. A. S. MGR. le Duc D'ORLÉANS;

CONTRE le Sieur JULIEN ,

OÙ L'ON ÉTABLIT:

1°. Que la qualité d'Apanagiste résulte , en faveur de S. A. S., des Ordonnances du Roi, par lesquelles Sa Majesté lui a rendu *les biens dont le feu Duc d'Orléans , son père, a joui* A QUELQUE TITRE, ET SOUS QUELQUE DÉNOMINATION QUE CE SOIT ;

2°. Que cette qualité, ainsi restituée à Mgr. le Duc d'Orléans, lui a conféré le droit et imposé le devoir de poursuivre la réunion à l'apanage, des parties NON VENDUES NATIONALEMENT, qui en ont été illégalement démembrées ; et qui , à l'aide de suppositions , dont la fausseté est démontrée, ont été vendues *à l'amiable*, devant *un seul Notaire*, par des particuliers *sans pouvoir.*

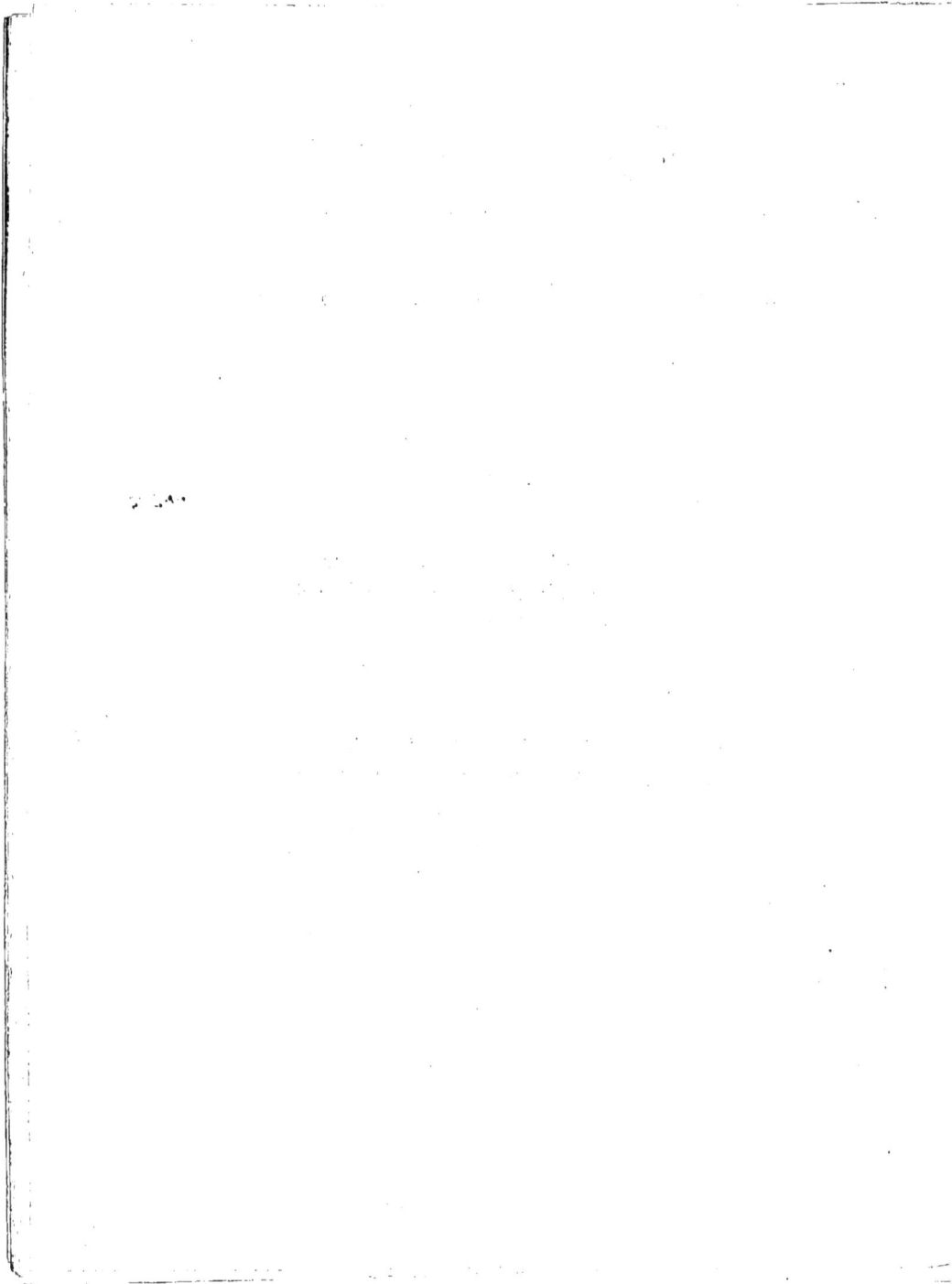

DISCUSSION

SUR LES APANAGES,

POUR S. A. S. MGR. le Duc d'Orléans;

CONTRE le sieur JULIEN:

(Extraite du plaidoyer prononcé par M. DUPIN, *Avocat de S. A. S. à l'audience du 24 janvier* 1818).

> » L'institution des Apanages, par son principe,
> » et par sa longue observance, a mérité d'être
> » placée au rang des lois fondamentales de la Mo-
> » narchie ». (*Lettres-patentes du 7 sept.* 1766).

.... D'HABILES généraux, voyant leur patrie envahie par des troupes étrangères, ont formé quelquefois le hardi projet de changer le théâtre de la guerre et de le trans-porter subitement dans le pays même de l'ennemi, pour le forcer à rappeler ses forces au secours de son propre territoire. Ainsi, notre adversaire, attaqué dans sa pos-session, a voulu faire trembler le Prince au sein même de son apanage.

Il a mis en question s'il existait encore des apanages ! ou plutôt il a pris sur lui de décider lui-même cette question : il a soutenu *qu'il n'existait plus d'apanages :*

A 2

il a prétenʼu que la volonté royale, manifestée par trois ordonnances successives , n'avait pas suffi pour remettre le Duc d'Orléans en possession de son apanage.

Ainsi, dans le système de ce genre d'attaque nouveau, le sieur Julien serait le possesseur légitime qu'on aurait tort de troubler ; et le Prince ne serait qu'un usurpateur, possesseur précaire de son palais, n'ayant d'ailleurs aucune qualité suffisante pour s'y maintenir.

Certes, si l'action du Prince pouvait amener contre lui la solution d'une telle question , c'est à juste titre qu'on l'aurait qualifiée d'*imprudente ;* mais si le contraire est démontré, il n'y aura pas seulement imprudence , il y aura témérité dans l'agression indiscrète dont le Prince se sera vu momentanément l'objet.

On se ferait une idée peu juste des apanages, si on les considérait , soit comme une représentation du partage de l'ancienne monarchie, soit comme une institution purement féodale : à ces deux titres, ils seraient inconciliables avec nos lois et nos idées actuelles.

Mais la raison seule , ou plutôt la bienséance, indique que les fils puînés des Rois, quoiqu'ils ne soient qu'éventuellement appelés à la Couronne, (que l'aîné, suivant l'expression de nos anciens auteurs, porte pour toute la famille), doivent cependant trouver, dans le titre même de leur naissance, un droit à une dotation proportionnée à l'élévation de leur rang.

« En la maison de France, dit Ragueau, n'y a partage, mais *apanage* à la volonté et arbitrage du Roi père, ou du Roi frère régnant, et ce depuis le commencement de la troisième lignée des Rois de France ; car auparavant l'empire s'est partagé. . . . . ».

Le même auteur, entre plusieurs étymologies, dit que « aucuns estiment que ce mot *apanage* vient de » *panis* ». Ce qui indique que sa destination est de procurer aux Princes qui en sont pourvus, le moyen de subsister. APANARE, selon Ducange, *id est panem ac cibum porrigere.*

Laurière, dans ses notes sur Ragueau, dit que « nos » meilleurs auteurs ont préféré avec raison cette étymo- » logie à toutes les autres, parce que nous avons des » coutumes qui, pour *apanager,* usent du mot *appaner,* » qui vient certainement de *panis;* et que, dans les an- » ciens livres, *empaner,* qui vient aussi de *panis,* se » trouve souvent pour nourrir et doter ».

C'est en ce sens que la Coutume de Nivernois, titre **XXIII,** art. 24, dit que « fille mariée et *appanée* ou » *dotée* par père et mère...... ne peut retourner à la suc- » cession desdits père et mère, etc. ».

Bretonnier dit que APPANER *une fille, c'est la doter, lui donner une dot suffisante, suivant sa condition.* Et il ajoute : *appaner,* dans sa véritable signification, *se prend pour aliment* (1).

Ainsi l'*apanage* est la *dotation* des Princes. Dans l'ancien langage français, ces deux mots étaient synonymes ; et si depuis, le mot *apanage* a cessé d'être usité pour les simples particuliers, il n'en a pas moins conservé son sens primitif en ce qui regarde la personne des Princes.

« Dans l'usage le plus ordinaire (disent les auteurs du » nouveau Denisart, V°. *Apanage,* §. 1ᵉʳ. n°. 4), on ne

---

(1) Bretonnier sur Henrys, suite du livre 5, quest. 107, tom. 3, pag. 522, édit. de 1738.

» se sert du mot *apanage* que pour désigner ce que nos
» Rois donnent à leurs frères, ou à leurs fils et à leurs
» petits-fils, à défaut de fils, *pour leur subsistance* ».

Telle étant la destination des *apanages*, on conçoit
que leur existence n'était point liée au système de la
féodalité.

Car, qu'il y eut des fiefs ou non, il fallait toujours que
les Princes eussent des moyens de soutenir leur rang.

Aussi, quoique dans la nuit du 4 août 1789, on eût
rendu le fameux décret par lequel « *l'Assemblée natio-*
» *nale détruit entièrement le régime féodal........* », on ne
prétendit jamais en conclure que, par le même coup,
les apanages se trouvaient supprimés.

Tous les *droits seigneuriaux* qui y étaient attachés
furent sans doute abolis ; mais la *propriété foncière, pur-*
gée de féodalité, conserva sa nature, sa destination, et
ne fut pas enlevée aux titulaires.

Les apanages ne furent même pas supprimés par la
loi du 22 novembre 1790. L'article 16 de cette loi dit
bien « qu'il ne sera concédé à *l'avenir* aucun apanage
» *réel ;* « mais il ajoute, que « les fils puînés seront éle-
» vés et entretenus aux dépens de la liste civile, jusqu'à
» ce qu'ils se marient, ou qu'ils aient atteint l'âge de 25
» ans accomplis » ; alors, dit ce même article, « il leur
» sera assigné sur le Trésor national des *rentes apana-*
» *gères*, dont la quotité sera déterminée à chaque époque
» par la législature en activité ».

Le taux de ces rentes a en effet été fixé par la loi du
21 décembre suivant.

Voyons ensuite ce que porte la loi du 6 avril 1791. Elle est intitulée *loi portant suppression des apanages;* mais il ne faut pas s'arrêter au titre. Le titre d'une loi n'est point l'ouvrage du législateur; les lois se décrètent sans titre, et le titre que chacune d'elles porte dans les collections officielles, n'y a été mis que par le Directeur de l'Imprimerie alors Nationale, sous l'inspection du Ministre de la Justice. C'est ce que l'auteur du *Répertoire de Jurisprudence* présente comme un point de fait, dont la certitude, dit-il, ne peut être contestée.

Et dans la réalité, cette loi ne révoque pas tous les apanages : ceux même qui sont dits *supprimés* ne sont que *remplacés* par des revenus d'une autre nature, mais ayant la même destination. Aussi la rente substituée aux apanages conserve-t-elle la qualification de rente *apanagère.*

Quant au Palais Royal et au Luxembourg, le rapporteur du décret du 13 août (Enjubault) s'en expliquait en ces termes : « Vos commissaires doivent encore vous » rappeler que le Luxembourg et le Palais Royal font » partie des apanages réels de *Monsieur* et de la branche » d'Orléans. *Ils ne peuvent se persuader que vous vous dé-* » *terminiez à les envelopper dans la suppression projetée,* » ni même réduire en cette considération la rente apa- » nagère que vous allez fixer ».

L'article 13 du décret du 13 août 1790 , qui consacrait cette exception, fut alors ajourné, mais il fut repris et converti en loi l'année suivante. On le retrouve mot à mot dans l'article 18 de la loi précitée, du 6 avril 1791.

Cet article dit en termes exprès que le *Palais Royal est excepté de la révocation d'apanages* prononcée par le présent décret. Or, s'il est excepté de la révocation, il n'est donc pas révoqué ; et s'il n'est pas révoqué , il est évident qu'il reste ce qu'il était , c'est-à-dire *apanage.* Et comment en douter, puisque cet article dit en termes exprès , que « les *deux apanagistes* et leurs successeurs » *continueront* d'en jouir aux *mêmes titres* et aux mêmes » conditions que jusqu'à ce jour ? ».

La constitution de septembre 1791 a établi qu'à l'avenir il ne serait plus concédé d'apanages *réels ;* mais elle n'a pas aboli les apanages encore existans : elle n'a pas ôté cette qualité au Palais Royal. Le décret seul du 14 septembre 1792 en est une preuve.

Si , lors de ce décret, les apanages eussent été supprimés , on eût passé à l'ordre du jour sur la pétition du Prince , *motivé sur la suppression des apanages prononcée par la constitution.* Au lieu de cela , ce décret a autorisé le Duc d'Orléans à continuer les aliénations autorisées par les lettres-patentes de 1784 , en substituant au cens une rente qu'il appelle encore *apanagère.*

Il y avait donc encore des apanages ; et en effet il est évident que les apanages , soit qu'on les constitue en rentes ou en immeubles , doivent nécessairement exister sous un régime constitutionnel , comme sous un régime absolu ; parce que, dans l'un et l'autre systèmes, la Maison Royale est la famille de l'Etat , et que l'Etat doit fournir aux Membres de cette auguste Famille
milie

mille des moyens d'existence proportionnés à la grandeur de la Nation et à l'élévation de leur rang.

On objecte que, par un décret du 24 septembre 1792, rendu *sur la proposition de Cambon*, la Convention nationale a décrété que, *ne reconnaissant plus de Princes français*, elle supprimait, à compter de ce jour, les rentes apanagères.

Mais, à cette occasion, je fais deux remarques.

La première, que cette suppression n'a eu pour but que de dispenser la Nation de payer dorénavant ces rentes apanagères à des titulaires qu'elle ne reconnaissait plus. La deuxième, que les rentes n'étant que la représentation des apanages réels, en remplacement desquels elles avaient été concédées, la suppression de ces rentes n'avait aucun trait au Palais Royal, dont aucune de ces rentes n'était la représentation, puisque le Palais Royal avait conservé par lui-même sa qualité d'apanage.

Et ici les faits viennent à l'appui du raisonnement.

Aussitôt après que la loi du 6 avril 1791, eut substitué une *rente apanagère* aux *apanages en nature*, tous les domaines de l'apanage d'Orléans, à l'exception du seul Palais Royal que cette loi avait formellement maintenu au Duc d'Orléans, à titre d'apanage, furent immédiatement réunis au domaine de l'Etat, et occupés par ses agens; ils occupèrent même les nombreux domaines que les Ducs d'Orléans avaient achetés de leurs deniers, et dont ils avaient consenti la réunion à l'apanage, afin de les rendre inaliénables dans leur descendance mas

B

culine, tant qu'elle existerait. Ainsi, s'il était vrai que
la loi du 24 septembre 1792, qui a supprimé les *rentes
apanagères*, eût entraîné la suppression de l'apanage du
Palais Royal, il s'ensuivrait qu'à l'instant même les
agens du domaine de l'Etat auraient pris possession du
Palais Royal. Ils ne l'ont pas fait, et par conséquent
il résulte clairement de cette non-occupation, qu'en
prononçant la suppression de la rente apanagère, la
Convention ne s'est nullement occupée du Palais Royal,
et n'a rien changé à ce qui était établi antérieurement
sur ce point.

Le décret du 24 septemdre 1792, n'a pas plus dégagé
le Palais Royal des clauses de descendance masculine
dans la maison d'Orléans, que de celle de réversibi-
lité à l'Etat, dans le cas d'extinction de cette ligne.
Il n'a rien statué sur le Palais Royal : donc la propriété du Palais Royal n'a pas changé de nature,
et elle est restée dans l'état où elle avait été mise par
les titres qui l'avaient établie antérieurement.

On a parlé d'une abrogation *de fait* qui aurait eu
lieu *de plein droit.*

Cette assertion est encore démentie par la suite des
faits.

Postérieurement au décret qui avait supprimé les
rentes apanagères, le feu Duc d'Orléans n'a pas cessé
d'habiter le Palais Royal ; il y résidait en 1793, lors-
qu'il y fut arrêté. Son fils, M. le Comte de Beau-
jolais, y a également été arrêté ; et, jusqu'à la mort
du Duc, le Palais a été tenu et administré en son nom.

Ainsi, il l'a possédé pendant quatorze mois et demi après l'établissement de la république ; et depuis que la Convention, *considérant qu'il n'y avait plus de Princes français*, avait supprimé non pas les apanages, mais les rentes apanagères dues par la Nation : ce qui, comme on l'a déjà dit, est fort différent.

Aussi, lors de la vente du 22 octobre 1793, on n'a pu dissimuler, dans le procès-verbal d'adjudication, que le Palais-Royal appartenait au Prince *à titre d'apanage*; seulement on supposait que l'aliénation du Théâtre et des parties adjacentes avait été autorisée par les lettres patentes de 1784 et le décret du 24 septembre 1792 ; et, en conséquence, on chargeait l'acquéreur de payer, non-seulement au Duc d'Orléans, mais après lui *à ses successeurs*, la rente foncière que le décret avait substituée au cens apanager établi par les lettres de 1784.

Voilà quel était l'état des choses au 22 octobre 1793, jour de l'adjudication, et encore au 6 novembre de la même année, jour de la mort du Prince.

Mais, dit-on pour dernier moyen, si jusques-là il y a eu apanage, au moins après la condamnation du Prince il y a eu incontestablement réunion au Domaine, car le fils, appelé après lui, était *émigré*, et comme tel incapable de recueillir.

Ce fils servait dans l'armée française en qualité de Lieutenant-général. Il avait partagé les premiers périls et la gloire de nos braves à Jemmapes et à Valmy, à Maëstricht et à Nerwinde,...... lorsqu'au milieu même du camp français on lui notifia un décret du 1er. avril 1793, qui ordonnait son arrestation.

Alors, mais seulement alors, il employa le seul moyen qu'il eût de se soustraire à la mort dont il était menacé. Il quitta la France, quelque tems après l'Europe même ; il se retira aux Etats-Unis d'Amérique : et, au milieu de son exil, il trouva dans ses connaissances acquises et dans son travail, des ressources personnelles qui mirent à couvert son patriotisme et sa fierté.

Que la violence employée par le gouvernement qui s'élevait sur les ruines de la monarchie ait écarté les Princes du sol français; c'est un fait qu'on ne peut nier : mais qu'ils aient cessé d'être *Princes français*, parce qu'un décret de la Convention portait qu'*elle ne reconnaissait plus de Princes français !* qu'ils soient devenus *émigrés* avec toutes les conséquences attachées à ce mot par la législation du tems !.... c'est ce que vous n'établirez point aujourd'hui.

Autrement, il faudrait donc dire aussi qu'un décret de cette même Convention, rendu précisément à la même époque (1), ayant *aboli la Royauté*, le Roi a perdu la qualité de Roi ; que ce n'était plus qu'un émigré frappé de mort civile...... Proposition évidemment destructive du principe qui gouverne maintenant la monarchie.

Eh puis ! quelle serait la conséquence de cette qualité d'*émigré* imprimée au Prince ? Aucune pour le procès ; car on ne peut nier au moins que l'absence du titulaire

---

(1) Le 20 septembre 1792.

aurait opéré la réunion de son apanage au Domaine de
l'Etat. Or, sous ce point de vue, la Salle des Français
n'en eût pas moins été inaliénable jusqu'à ce qu'une loi
en eût autorisé l'aliénation, et l'adjudication faite par
les mandataires n'en serait pas moins nulle ; car ils n'a-
vaient pas plus le pouvoir de vendre les biens du Domaine, que ceux de l'apanage. L'objet de la fin de non-
recevoir serait donc purement *dilatoire ;* du reste, la
question au fond resterait la même, et si le Prince était
privé de l'honneur de soutenir les intérêts de l'Etat, en
défendant ceux de son apanage, le sieur Julien trouve-
rait, dans le magistrat défenseur du Domaine, un adversaire non moins zélé, non moins redoutable. La discussion a trop bien éclairé la nullité de la vente, pour
que le sieur Julien pût espérer de reproduire avec suc-
cès les sophismes qui, jusqu'en 1814, ont retardé sa
dépossession ; la même décision l'attendrait partout.

Mais nous ne lui laisserons pas même l'espoir de tirer
en longueur, et nous achèverons de prouver que le
Prince est son légitime adversaire, et que vous seuls
MM. pouvez rester juges de la contestation.

Revenons donc au fait.

En 1793, au jour de la mort du Duc d'Orléans, le
Palais-Royal conservait encore sa qualité d'apanage ;
aucune loi subséquente n'en a reparlé. — Tout ce qu'il
faut voir dans l'intervalle, c'est l'absence du titulaire,
mais non l'anéantissement de son droit.

Sans doute, et si dans cet intervalle une loi avait déclaré le Palais-Royal aliénable, et que de fait il eût été

aliéné *nationalement*, ce serait un de ces cas où, pour le repos de l'Etat, *le Prince devrait tout le premier et précisément parce qu'il est Prince*, donner l'exemple du silence et de la résignation.

C'est aussi ce qu'il a fait pour tous ceux de ses biens qui se sont trouvés dans ce cas (1). Mais rien de semblable n'a été fait pour le Palais-Royal ni pour le Théâtre Français.

Les choses étaient en cet état lorsque le Gouvernement impérial s'établit. Le Sénatus-Consulte organique du 28 floréal an 12, art. 15, s'était d'abord contenté de dire que les Princes français, Joseph et Louis Bonaparte, et à l'avenir les fils puînés naturels et légitimes de l'Empereur seraient traités conformément aux articles 1, 10, 11, 12 et 13 du décret du 21 décembre 1790, sans oser encore reproduire la qualité *d'apanage*.

Mais quelques années après, le Sénatus-Consulte, du 30 janvier 1810, ne fit point difficulté de rappeler les anciennes dénominations.

Le Sénatus-Consulte traite dans le
Titre 1ᵉʳ., *de la dotation de la couronne;*
Titre 2, *du domaine extraordinaire;*
Titre 3, *du domaine privé;*
Titre 4, *du douaire des Impératrices* ET DES APANAGES DES PRINCES FRANÇAIS.

Art. 55. « Les apanages *sont dus*,
» 1°. Aux Princes, etc. ;

___
(1) Les arcades nᵒˢ. 1, 2 et 3, l'hôtel Châtillon, etc., dépendant de l'apanage, mais vendus *nationalement*, et dès-lors bien vendus.

» 2°. Aux descendans mâles de ces Princes.

Art. 70. » La fixation des *apanages* n'est pas uni-
forme.

» Elle est déterminée *par l'Empereur*, sans que néan-
» moins elle puisse être élevée à un revenu de plus de
» trois millions.

» Le palais du Petit - Luxembourg *et* LE PALAIS
» ROYAL sont destinés à être concédés à des Princes
» *apanagés*, pour leur habitation, *au même titre que*
» *leur apanage* et sans aucune diminution ».

Ainsi, voilà le Palais Royal qui, dans un Sénatus-
Consulte, c'est-à-dire, dans la forme de législation la
plus solennelle de ce tems-là, reparaît avec sa qualification *d'apanage* qu'aucune loi intermédiaire ne lui
avait enlevée.

Si, à cette époque, Napoléon eût, par un décret, dé-
signé un de ses frères pour titulaire de cet apanage, et
qu'il lui eût assigné le Palais Royal pour habitation ;
certes, personne n'eût prétendu que ce décret était illé-
gal, inconstitutionnel, ni sujet à révision. . . . . .

Eh ! bien le Roi rentré, en 1814, a fait ce qu'aurait
fait Napoléon, et avec autant de droit, ce me semble.

Mais il a violé la loi de 1792, qui avait supprimé les
apanages en déclarant ne plus reconnaître de Princes
français ! Il a fait plus : il a violé la loi qui avait *aboli la*
Royauté ; il a enfreint celle qui avait ordonné la dépor-
tation de tous les individus de la famille des Bourbons ;
bravé celle qui ordonnait de les fusiller, s'ils osaient
rentrer dans leur patrie : il a négligé de faire préalable-

ment rapporter ces lois par un acte du Sénat-Conservateur ; ou plutôt, disons que ces lois, si on peut les nommer ainsi, ont été solennellement abrogées par la voix alors unanime de tout un peuple qui ne voyait dans le retour de ses Princes que *quelques français de plus.*

S'il est des choses qui semblent abolies par le fait, il en est aussi qui se rétablissent de plein droit ; et si de cela seul que la Convention avait déclaré ne plus reconnaître de Princes français, on s'est cru fondé à conclure que tous les apanages étaient supprimés ; de cela seul que les Princes ont reparu, on doit conclure aussi que leur droit à un apanage a été rétabli avec eux.

On a relevé avec affectation l'espèce d'empressement avec lequel furent rendues les ordonnances qui ont rétabli le Prince dans son apanage. Sans doute ; mais dès le lendemain, dès le jour même, il fallait vivre et se loger, et il était plus naturel de rentrer chez soi que d'aller chez les autres.

Les ordonnances du Roi sont légales ; car elles sont conformes au principe des apanages inhérent à la monarchie, sans avoir rien de contraire aux lois existantes.

Elles ne sont pas contraires à la Charte ; car à l'époque où la première ordonnance fut rendue, la Constitution de l'Empire était anéantie, et la Constitution du Royaume n'existait pas encore.

Enfin, ces ordonnances auraient eu besoin d'une confirmation quelconque, qu'elles l'auraient trouvée

plus

plus tard dans cette même Charte ; puisque l'art. 68 ayant confirmé toutes les lois, arrêtés et décrets antérieurs, a certainement aussi confirmé les actes du Gouvernement du Roi, antérieurs à la promulgation de la Charte. Car il serait par trop violent de supposer que les actes seuls du Gouvernement Royal dussent être exceptés de la disposition de cet article.

Le Prince était en pleine possession et jouissance de son apanage, lorsque fut portée la loi du 8 novembre 1814, *sur la liste civile et la dotation de la couronne.*

Le titre 3 renferme des *dispositions relatives à la dotation des Princes de la Famille Royale.*

Il y est dit, article 23 : « Il sera payé annuellement » par le Trésor royal une somme de huit millions pour » les Princes et Princesses de la Famille royale, pour » leur tenir lieu d'*apanage.* »

De ce que, par cette loi, les apanages sont fixés en argent, il n'en faut pas conclure qu'en soi le principe des apanages est méconnu ; il est au contraire consacré d'une manière expresse.

Eh! pouvait-il en être autrement, puisque nous avons vu que la *loi des apanages* était devenue avec le tems une *loi fondamentale de la Monarchie ?*

Si cette loi avait besoin de justification, il nous serait aisé de prouver que les apanages réels offrent d'immenses avantages qu'on ne saurait méconnaître.

Outre que c'est une institution éminemment monarchique, on peut dire aussi qu'elle est éminemment libérale, et par-là même constitutionnelle.

C

Les apanages, en effet, procurent aux Princes une honorable indépendance ; ils ne sont pas comme des fonctionnaires salariés, recevant une sorte de *traitement*, suivant l'expression inconvenante d'un décret du 23 mars 1792. Ils ont les honneurs, les droits et les avantages de la propriété.

Cette institution est nationale (1), car les Princes constitués grands propriétaires acquièrent une foule d'intérêts communs à toutes les classes de citoyens ; comme eux, ils supportent les charges publiques, ils payent des contributions et en sentent tout le poids ; ils s'intéressent aux progrès de l'agriculture, et se trouvent investis de l'heureuse puissance d'élever, de conserver et d'embellir ces royales habitations, ornemens des capitales, où le génie des arts étale ses merveilles et contribue à la gloire des peuples.

Enfin la clause de retour de l'apanage à la Couronne, franc et quitte de toutes charges du chef de l'apanagiste, sauve tous les abus qu'il pourrait faire de ses domaines, et met l'Etat à l'abri du risque qu'autrement il aurait couru, d'être trop souvent tributaire d'une prodigalité désordonnée ou d'un luxe ruineux.

Mais revenons à la loi du 8 novembre 1814.

Si cette loi n'accorde de rente apanagère qu'aux Princes de la famille royale, il n'en faut pas conclure

---

(1) Le principe des Apanages réels en Domaines de la Couronne a été consacré par l'article 1er. de l'ordonnance de Moulins, *sur la demande expresse des Etats-Généraux* d'Orléans et de Blois.

que les Princes du sang fussent exclus du droit d'en réclamer. Un apanage est dû aux uns comme aux autres.

La loi Salique fut toujours chère aux Français, non-
seulement parce qu'elle est leur plus ancienne Loi,
mais parce qu'elle a plusieurs fois sauvé la Monarchie
du joug odieux de l'Etranger. Or, « par la loi Salique, dit
» Loysel, les Royaumes, Duchés, Comtés, Marquisats
» et Baronies ne se démembrent pas ; mais DOIT le Roi
» *apanage* à Messieurs ses frères et enfans mâles puînés,
» et *mariage* à Mesdames ses sœurs et filles ». *Inst. Cout.*
Liv. 4. Tit. 3. Règles 87 et 88.

« *Enfans de l'Etat*, disent les lettres-patentes du 7
» septembre 1766, en parlant des Princes, ils ont pris
» dans les fonds de l'Etat même, par les mains des Rois
» nos prédécesseurs, les parts et portions qui leur ont été
» assignées, le vœu de la nature a été rempli, et la
» royauté a acquitté ses obligations. Cette institution,
» par son principe et *par sa longue observance*, qui n'a
» souffert *aucune interruption*, a mérité d'être placée *au*
» *rang des lois fondamentales de notre monarchie* ».

Ce principe a été reconnu à l'époque même où l'on
décrétait la conversion des apanages réels en rentes apanagères. Voici en effet ce que disait Enjubault, Rapporteur de la loi du 13 août 1790 (*Moniteur*, page 935) :
« Nous avons tous reconnu que la Nation unissant irré-
» vocablement à son domaine le patrimoine de ses Rois,
» contractait par cela même l'*obligation* de fournir à leurs
» enfans puînés une *subsistance* proportionnée à l'éclat
» de leur rang et à la splendeur de leur origine. Que,

» comme tout autre *débiteur*, elle avait le droit de s'ac-
» quitter de cette *dette* de la manière la plus convena-
» ble à ses intérêts, en leur abandonnant des jouissances
» foncières, ou bien en leur assignant des rentes an-
» nuelles sur le Trésor public ».

Cette dernière phrase manque de justesse, en ce que
le débiteur n'a pas le choix de payer une autre chose à
la place de celle qu'il doit ; mais enfin le rapporteur re-
connaît du moins *en principe* que l'apanage est dû en
fonds ou en rentes.

Si la loi du 8 novembre 1814 ne parle point des Princes
du Sang, c'est que le Roi, au nom de qui cette loi a été
proposée, savait bien qu'il avait pourvu aux besoins de
ces Princes par des ordonnances *antérieures*.

Ainsi le silence de cette loi même confirme le passé ;

1°. En ce que, ne pouvant ignorer ce qui avait été
fait cependant elle ne le révoque pas ;

2°. En ce qu'elle n'accorde pas de rentes apanagères
aux Princes du sang dont elle se fût nécessairement occupée, s'il n'eût été reconnu, lors de l'émission de la loi,
que le sort de ces Princes avait été antérieurement réglé
par les ordonnances du Roi.

Autrement il en résulterait que ces Princes seraient
privés des biens qui leur ont été assignés par le Roi,
sans cependant qu'ils pussent réclamer dans les revenus
alloués par la loi du 8 novembre, une part que cette loi
ne leur accorde pas ;

Nous ne parlons point de la loi du 5 décembre 1814 :
nous reconnaissons avec le sieur Julien qu'elle est *inap-*

plicable aux Princes apanagistes : non , par là raison qu'il en donne , que cette loi ne parle que des *proprié-taires*, et ne peut dès-lors s'appliquer aux apanagistes qui, dit-il, n'étaient que des *usufruitiers :* mais parce que, dès le 18 mai 1814, c'est-à-dire six mois avant que cette loi ne fût rendue, le Prince avait été remis en possession du Palais Royal et de ses dépendances *par ordonnance du Roi.*

Dites à présent, tant qu'il vous plaira, que ces or-donnances sont dans le cas d'être *révisées !* menacez-nous encore , comme vous l'avez fait , de voir s'élever contre nous la redoutable voix *des Représentans du peuple!*

Leur voix ne s'élèvera pas contre les ordonnances de SA MAJESTÉ.

Ils savent qu'un établissement était dû aux Princes du sang , comme aux Princes de la famille Royale : que c'est une loi fondamentale de la Monarchie.

Ils n'ont pas ignoré ce qu'avait fait le Roi , lors-qu'ils ont porté la loi du 8 novembre 1814.

A cette époque ils n'ont pas demandé la *révision* des ordonnances de restitution , ils ne pourraient la deman-der aujourd'hui.

Eh ! quoi, le Roi a pu conserver des *sinécures* aux an-ciens membres du Sénat; il a pu consentir à laisser les membres de la famille naguères Impériale, jouir des biens dont leur chef les avait récemment investis, ... et il n'aurait pas eu le pouvoir de rendre aux Princes de son sang , les vieux débris des apanages constitués à leurs ancêtres !

Ce que les Députés n'ont pas fait , ce qu'ils ne pourraient pas faire ; ce qu'ils ne feront pas ; comment le sieur Julien a-t-il osé le tenter ? Comment a-t-il pu se persuader que le Tribunal le voudrait ?

Ici je n'invoque pas les hauteurs du pouvoir absolu. L'emploi d'un pareil moyen ne serait pas constitutionnel; il répugnerait à mes idées et à mes principes.

Mais j'invoque les lois qui ne permettent pas que les Tribunaux qui rendent la justice au nom du Roi, s'érigent en juges des actes de leur Souverain : j'invoque la régle qui leur prescrit de juger suivant les ordonnances du Royaume, et non de soumettre les ordonnances à leur censure. Pour eux, comme pour nous, *sint rata dicta Jovis* (1).

La qualité d'apanagiste ne pouvant être contestée au Duc d'Orléans, et se trouvant fixée sur sa tête par les ordonnances du Roi, il ne s'agit plus que d'examiner s'il est vrai qu'en cette qualité il n'était pas partie capable pour intenter l'action en nullité de l'adjudication du Théâtre Français.

Nos anciens auteurs ne paraissent pas avoir eu des idées très-distinctes sur la propriété de l'apanagiste ; et cela n'est pas étonnant, parce qu'en cette matière, comme en tout autre, les règles ne sont venues qu'après une longue suite de faits.

Choppin, dans son Traité du Domaine, liv. 2, tit. 3,

_____

(1) Ainsi le veulent les vrais principes, ainsi l'a jugé plusieurs fois la Cour de Cassation. Arrêts du 1er floréal an 10 et du 19 octobre 1808, cités dans le *Dictionnaire des arrêts modernes* au mot *interprétation*, section 2, n. 1.

a commencé à reconnaître une véritable propriété dans l'apanagiste, puisqu'il dit que la formation de l'apanage a lieu *par une aliénation du domaine* permise pour ce cas : néanmoins, il n'appelle la concession de l'apanage que *fructuaria prœdii conoessio.*

Quelques-uns se sont emparés de ces dernières expressions, pour en inférer que l'apanagiste n'était qu'un *usufruitier.* Mais ils sont évidemment tombés dans l'erreur ; car tout est inconciliable dans la nature des apanages, avec l'idée d'un usufruit.

1°. La clause de retour à la couronne a fait naître le doute, et pourtant elle est la principale preuve de la propriété de l'apanagiste. En effet, il serait superflu de stipuler le droit de retour pour un usufruit qui cesse, de plein droit, par la mort : il en faut une stipulation expresse pour la propriété, qui se transmettrait à toujours sans cette précaution.

2°. Cette précaution a été prise, *non pour diminuer* le droit de propriété, mais pour empêcher que les apanages *ne passassent aux filles.*

On ne peut donc confondre une propriété grêvée, avec un simple usufruit.

3°. Au titre des Institutes *de his quibus alienare permissum est, vel non*, on voit qu'il est des personnes incontestablement propriétaires, auxquelles cependant il n'est pas permis de vendre leurs biens. La défense d'aliéner n'est donc pas incompatible avec le droit de propriété.

4°. Un usufruitier ne peut démolir pour bâtir à son

gré : les apanagistes ont ce droit, témoin ce qui s'est passé pour le Palais-Royal. L'ancien Palais-Cardinal a été démoli par les Ducs d'Orléans, au point qu'il n'en reste qu'un pan de muraille chargé de proues de navires, à droite, en entrant, dans la seconde cour. Tout le surplus du Palais a été rebâti par les apanagistes, et à leurs frais.

5°. Les Princes étaient si bien propriétaires de leurs apanages, que, dans les changemens de l'apanage de Monsieur (aujourd'hui le Roi) et de M. le Comte d'Artois, on a exprimé le consentement de ces Princes.

Dans notre espèce, comment eût-on exigé le consentement du grand-père du Prince à l'exécution des lettres-patentes de 1784, si, dépouillé de l'usufruit qu'il avait cédé par anticipation, à son fils, il n'eût cependant conservé par devers lui le titre de propriétaire?

6°. Sans cela, et si le Prince apanagiste ne restait pas vrai propriétaire de son apanage, concevrait-on dans quel dessein les Princes achèteraient, de leurs deniers, de grands domaines, pour les réunir à un apanage dont ils n'auraient que l'usufruit?

Par exemple, le Duc d'Orléans avait acheté de ses deniers, comme particulier, le canal de l'Ourcq, l'hôtel du Plessis-Châtillon, tenant au Palais Royal, sur la rue des Bons-Enfans, et d'autres biens encore (1). Par

---

(1) Les biens ruraux que les Ducs d'Orléans ont successivement réunis et incorporés à leur apanage produisaient *un million de revenu*, à l'époque où les apanages réels furent convertis en rentes apanagères.

lettres-patentes

lettres-patentes de 1766, il les incorpore à son apanage ; et en cela il ne fait point le sacrifice de sa propriété ; car les lettres disent qu'il les possédera EN TOUTE PROPRIÉTÉ, *comme le surplus de son apanage;* donc tout l'apanage est une propriété.

7°. Les Ducs d'Orléans ont même dans leur apanage le droit d'*échange* qui leur a été spécialement conféré par une déclaration du Roi (1).

Aussi le Chancelier d'Aguesseau est bien loin de n'accorder à l'apanagiste qu'un simple usufruit. L'apanagiste (dit-il dans sa 16ᵉ. requête), est considéré à plusieurs
« égards comme propriétaire; quoique le bien qu'il possède
» soit reversible à la Couronne, au défaut d'hoirs mâles.
» On ne peut mieux juger de son état qu'en le compa-
» rant à ceux qui sont chargés de substitution ; ils n'en
» sont pas moins propriétaires pour cela ». (Tom. 7 ; pag. 281) (2).

Le savant auteur du *Répertoire de Jurisprudence,* qu'on n'accusera pas de partialité en faveur des Princes apanagistes, professe la même doctrine. « A cela près,

---

(1) Ce droit est si bien reconnu, encore à présent; que depuis la restitution de l'apanage, le Préfet de la Seine est en négociation avec Mgr. le Duc d'Orléans, pour l'échange du château de Villers-Cotterêts qui en fait partie, contre d'autres biens qui seraient donnés en contre-échange et en remplacement de ce château.

(2) Quelques personnes ont cru que cette partie de la discussion ; aurait pu être moins chargée de citations : mais quand une proposition est révoquée en doute, il faut l'établir; et cette preuve, surtout quand il s'agit d'une matière qui n'est pas familière à tout le monde, ne peut se faire qu'à l'aide d'autorités nombreuses et imposantes.

D

» dit-il, que les apanagistes ne peuvent aliéner les terres
» qui leur sont données en apanage, ils en sont *vrais*
» *propriétaires*, et ont *tous les droits* du domaine utile ».

Mais il e st des autorités encore plus précises sur ce
point : nous allons les puiser dans les lettres-patentes
même qui ont constitué l'apanage de la maison d'Orléans. Ainsi, par exemple, dans celles du mois de mars
1661, Louis XIV déclare donner à son frère les biens et
domaines destinés à former son apanage, *sans aucune*
chose en retenir ni réserver à nous, ni à notre Couronne
et successeurs, fors seulement les foi et hommage, droit
de ressort et souveraineté, la garde des églises et la con-
naissance des cas royaux. Les lettres-patentes de février
1692, portant cession du Palais Royal, disent que ladite
cession est faite *en augmentation d'apanage et pour en*
jouir et disposer aux mêmes titres, autorités et priviléges
que du surplus de sondit apanage, conformément à l'édit du
mois de mars 1661, que nous venons de citer. Les lettres
du 7 septembre 1766, *portant réunion de différens do-*
maines à l'apanage du Duché de Valois, qui, comme on
sait, faisait partie de l'apanage de la maison d'Orléans,
sont, s'il se peut, encore plus précises. Dans le préam-
bule de ces lettres, il est dit « que la loi de l'apanage
» constitue le Prince qui le possède *vrai seigneur et*
» *propriétaire,* lui transmet les titres d'honneur et de
» dignité, et *tous les droits* et prérogatives *attachés aux*
» *domaines qui lui ont été concédés* ».

Plus loin il est encore dit que « le Duc d'Orléans

» *étant constamment* VRAI PROPRIÉTAIRE *et seigneur fon-*
» *cier de l'apanage, et des accroissemens qu'il reçoit*, il
» en résulte que les arbres et baliveaux qui sont sur les
» taillis de ses domaines nouvellement réunis, ne pou-
» vaient lui être contestés, *le fond sur lequel ils s'élèvent*
» LUI APPARTENANT ».

« En conséquence (porte le dispositif de ces lettres),
» notredit Cousin le Duc d'Orléans jouira, à titre d'apa-
» nage *et en tout droit de propriété*, des domaines (dont
» la désignation suit), etc., etc. ».

Trois ans après l'obtention de ces lettres (en 1769), la
question de propriété de l'apanagiste en général, et par-
ticulièrement celle du Duc d'Orléans, a été approfondie
et discutée solennellement par M. l'Avocat-général Séguier, à l'occasion d'une cause mûe par le Duc d'Orléans, comme apanagiste, contre les églises de Chartres
et d'Orléans, qu'il prétendait être dans la mouvance de
son apanage.

M. l'Avocat général Séguier, dans un plaidoyer rempli
de longues et savantes recherches, établit que le titre
d'apanage ne fait pas préjudice au droit de souveraineté ré-
servé au Roi : et qu'en conséquence les églises d'Orléans
et de Chartres n'ont jamais cessé d'être dans la mouvance immédiate de la Couronne.

Mais, comme dans leurs défenses, les Evêques et les
Chapitres de Chartres et d'Orléans, ne s'étaient pas
bornés à contester au Duc d'Orléans les droits de
suzeraineté ; mais qu'ils avaient été jusqu'à prétendre

D 2

que le Prince n'était pas propriétaire des biens qui formaient son apanage, M. l'Avocat général observa qu'après avoir mis à couvert les intérêts de la Couronne sur le premier point, *il n'était pas moins de son devoir de veiller à la conservation de ceux de l'apanage.*

Or, voici comment cet illustre Magistrat établit la propriété du Prince apanagiste. « Nous avons, dit-il, » avancé que M. le Duc d'Orléans était *propriétaire* de » son apanage, et *cette propriété est établie par le titre* » *même constitutif des domaines dont il a la possession.* » En effet, le Roi lui donne *lesdits duchés et seigneuries,* » *sans en rien réserver ni retenir que l'hommage et la sou-* » *veraineté, la garde des églises et la connaissance des* » *cas royaux.* — A l'exception des choses réservées, » M. le duc d'Orléans possède tout ce qui compose » lesdits duchés; il a droit d'en jouir par lui et par ses » successeurs à l'infini, tant que sa postérité pourra » s'étendre dans la branche masculine. Cette propriété » est le prix de la renonciation que Monsieur, frère du » Roi (Louis XIV) a faite à tous les droits qu'il pouvait » avoir à prétendre : cette propriété *n'est grevée d'au-* » *cune autre charge que de celle de retour à la couronne,* » à défaut de descendans mâles, issus de Monsieur » frère du Roi, en légitime mariage. Il est incontes- » table qu'on peut envisager cette clause comme une » véritable substitution, d'un genre beaucoup plus élevé » que les substitutions ordinaires, substitution qui doit » avoir lieu dans toute l'étendue des générations à ve- » nir, et qui ne doit s'éteindre qu'avec la descendance

» masculine du Prince apanagé, et, à cette époque,
» donner ouverture à la réunion au domaine de la cou-
» ronne, dont les biens substitués sont réputés faire
» toujours partie, par cette espérance de retour.— Mais
» DE MÊME qu'un substitué *n'est pas moins propriétaire*
» *de la chose qu'il doit transmettre*, malgré la nécessité
» de la remise à laquelle il ne peut se soustraire, DE
» MÊME le Prince apanagé *ne doit pas moins être regardé*
» *comme véritable propriétaire de son apanage*, quoiqu'il
» soit forcé de le remettre à toute sa descendance mas-
» culine, et, à défaut d'enfans mâles, au domaine dont
» il a été démembré. »

Ainsi parlait M. Séguier ; et de cette assimilation de
la propriété de l'apanagiste à la propriété du grevé de
substitution, on doit conclure que toutes les actions relatives à l'apanage résident dans la personne de l'apanagiste.

En effet, dit Pothier (Traité des Substitutions, section V, art. 1er.) « le grevé de substitution étant, avant
» l'ouverture de la substitution, le vrai et seul proprié-
» taire des biens substitués, il suit de là *que les actions*
» *actives et passives* résident en sa SEULE personne : *ipsi*
» *et in ipsum competunt.* »

Aussi, pendant plusieurs siècles, on a toujours vu les
Princes apanagistes en possession de plaider seuls, en
leur nom, dans les procès relatifs à leurs apanages :
non-seulement l'adjonction du Procureur général n'é-
tait pas exigée ; mais souvent on a vu les apanagistes

plaider même contre le Procureur général, sans que jamais il soit venu à l'idée d'aucun praticien de soutenir qu'ils n'avaient pas eux-mêmes une qualité suffisante pour agir. Le procès dont nous venons de rendre compte en offre une exemple éclatant ; M. Séguier, d'accord avec l'apanagiste sur la question de propriété, concluait contre lui sur la question de mouvance ; mais le Prince apanagiste n'agitait pas moins l'une et l'autre question en son nom seul et sans l'adjonction de qui que ce fût pour le domaine.

Les lettres - patentes de 1766, déjà citées, parlent aussi « d'une contestation élevée *entre le Duc d'Orléans* » *et le Procureur général*, prenant le fait et cause de » son substitut au bureau des finances de Soissons, dans » laquelle contestation le Parlement a expressément » maintenu et gardé notredit Cousin dans la propriété, » justice, seigneurie. . . . . . . et autres droits cédés » par les lettres d'apanage ». (Or, disent ces mêmes lettres, dans lesquelles ce qui suit est en italique :) « *Un* » .*de ces principaux droits est la faculté de racheter les* » *domaines engagés*, USURPÉS *ou aliénés dépendans de* » *ceux qui entrent dans la composition de l'apanage.* » Cette faculté exprimée dans les lettres-patentes du « mois de mars 1661 et du 28 janvier 1751, *est de* » *l'essence de l'apanage*, produit des réunions succes- » sives, et nous prépare, et à nos successeurs, un re- » cours utile dans le cas du défaut d'hoirs mâles, par » l'attention du possesseur à en augmenter la masse en

» faveur des mâles de sa maison , et au profit éventuel
» de notre couronne ».

Il demeure donc pour certain ;

1°. Que le Prince apanagiste est vrai propriétaire des
biens composant l'apanage ;

2°. Qu'en cette qualité de propriétaire, il a seul le
libre exercice des actions actives et passives qui intéressent l'apanage ;

3°. Et qu'en particulier, il lui est non-seulement permis, mais recommandé de poursuivre la réunion de
toutes les portions de l'apanage usurpées ou indûment
aliénées.

Telles sont les anciennes lois de l'apanage , elles n'ont
point changé : car les ordonnances de 1814, *en restituant*
au Duc d'Orléans les biens dont son père a joui *à quel-*
que titre et sous quelque dénomination que ce soit, lui
ont évidemment restitué *à titre d'apanage* tous ceux de
ces biens qui étaient avant la révolution investis de
cette qualité. En pareille matière, « LIBÉRALITÉ *fait*
» *nouveau titre, mais* RESTITUTION *n'en fait pas* ».
(Brodeau).

Pour prétendre que le Prince ne possède pas ces biens *au*
même titre d'apanage, il faudrait prétendre qu'il les possède sans charge de retour, c'est-à-dire, en pleine propriété.

Mais il n'est pas plus au pouvoir du Prince de se dé-
gager de la clause de retour à la couronne, qu'il n'est
au pouvoir de son adversaire de lui disputer la qualité et
les droits d'apanagiste.

Cette tentative remarquable surtout par la témérité qui l'a dictée , aura du moins produit cet heureux effet, de faire mieux connaître la nature des apanages , leur noble destination et le droit par lequel ils sont régis.

TESTU , Imprimeur de LL. AA. SS. Mgr. le Duc d'ORLÉANS et Mgr. le Prince de CONDÉ, rue Hautefeuille, n°. 13 (1818.).